益永スミコ

殺したらいかん

益永スミコの86年

影書房

殺したらいかん　目次

殺したらいかん

〈天皇教〉のころ

戦争中のことといっても、戦地のことは、戦地に行った人にしかわかりません。戦争中、わたしはずっと「内地」にいましたが、自分がいたところのことしか、わたしにはわかりません。

結局、自分が経験したことしか、わたしにはわかりません。

戦争中に生まれたからといって、みんなが戦争の時代のことを考えるわけではありません。みんな、どこで何をしたかなんて、なかなか自分からは話そうとはしません。

＊

わたしは、一九二三年一一月六日、大分県大野郡柴原《しばはる》村柴山というところに生まれました。山奥の貧しい農村です。

わたしが生まれる直前の一九二三年九月一日、東京のほうでは関東大震災が起きて、伊藤ルイさんのお父さんとお母さん、大杉栄と伊藤野枝は、帰宅途中のところを、一緒だった大杉の七歳の甥・橘《たちばな》宗一さんもろとも官憲に連れて行かれ、九月一六日に甘粕《あまかす》正彦憲兵大尉たちに虐殺されました。

そのときルイさんは、わずか一歳。幼くして両親を亡くしたルイさんたち姉妹は、本当に苦労されました。それなのに、ルイさんはわたしにも本当に親切にしてくれました。ありがたいことです。

でも、ルイさんのことも、大杉たちの虐殺のことも、わたしが知るようになるのは、ずっとずっとあとのことです。

わたしは大分の貧しい農村の生まれで、子どものころは、おじいさんおばあさんがつくった隠居家に母と一緒に住んでいました。わたしのおじいさん、おばあさんも百姓でした。

母は一人でわたしを産みました。母はいつも言っていました。よその人は何も言わんのに、身内からは、父親のわからん子を産むなんて、と反対されたと。「堕《お》ろせ、堕ろせと言われたけれど、わたしは、お前を生みたかったから産んだんだよ」と。

「お前を生みたかったから産んだんだよ」。母からはそう言われただけです。父親のことは何も聞いておりません。けれども、わたしはそれだけで納得できました。

わたしが小学校に上がると、三年生くらいのころにおじいさんおばあさんが亡くなって、母も体が弱く、長く寝たり起きたりだったもんで、わたしが小学六年の時に亡くなりました。それからは、大家を継いでいた叔父、母の弟のもとで育ちました。

わたしは、実にのんびりした性格で、一人親だからとか、親がいないとかでいじめられた覚えはないです。うちはそういうもんなんだと、思うとったからね。

遊びとうた

子どものころのことで思い出すのは、うただな。

おじいさんが部落の集まりに行くのに、よくわたしもついていきました。男たちが氏神《うじがみ》様の社務所に集まって、いろいろと相談ごとなんかして、終わりには酒を飲んでみんなでいろんなうたを歌っていました。
小学校に入った最初の日、わたしは学校に入ったのがうれしくてうれしくてしかたなかった。だから、校庭の木の下に集まって、きれいな若い女の先生が、「何かみんなで歌いましょう」と言ったとき、わたしは「はい」といちばんに手を挙げて、みんなの前で歌いました。

わたしのスーチャン、海軍で
一七、八から志願して
満期に帰るは二六
花の盛りは海の上

「わたしのスーチャン」とは「好きな人」のこと。わたしも意味はわからんかったけど、おじいさんたちが歌っとったもんで、すっかり覚えてしまっていた。わたしがそんなふうにして歌ったのを先生は転げるようにして笑ってたね。わたしも内心、わたし結構うまく歌えたんやな、とうれしかった。

わたしの次に歌った子は、やっぱり女の子だった。

お庭の池の真ん中を
僕がつくった笹の船
そよそよ風が吹くたびに
すいすいすいと走りゆく

あなたのつくった笹の船
わたしの人形のせてやり
赤い椿の花添えて
向こうの岸へ送りましょう

ずいぶんハイカラな歌を知っとるのう、と感心した。
うちに帰って、今日はみんなの前でうたを歌って先生からほめられた、と家の者に言った。てっきりほめてもらえるものと思うとったら、「そげなうた、人前で歌うもんじゃねえ」と怒られた。結構、うまかったのにな。それ以来、人前で歌わなくなったもんだから、へたになってしまったよ。

子どもの遊びには、いろんなうたがあったな。

一列談判破裂して、
日露戦争はじまった
さっさと逃げるはロシヤ兵
死んでも尽くすは日本兵

これは手まり歌。

子どものころ、おじいさんやまわりの大人から戦争のことを聞いたことはありませんでした。でも、お手玉とかおはじきのうたの中に、戦争のことが歌われているものがたくさんあった。そのときは歌いながら、これは戦争の歌だ、侵略の歌だなんてちっとも思わんかった。調子がいいから歌っていただけでな。

意味はわからんけれども、歌っているうちに、日本は強い国なんだな、という考えが肌に染みついたということはあったでしょうな。

今思うと、あの人は日露戦争にいったのか、近所に傷痍《しょうい》軍人がいて、その家にはラジオがありました。恩給が出ていたから、あんな農村では珍しくラジオが買えたんだと思うわ。ここの家は金持ちやな、ラジオがある、すごい、とは思ったけど、ラジオを聞きに行ったりはしなかった。

そのころ職業軍人は尊敬されていましたよ。命を張ってお国を守ってきた、ということと、やっぱり生活が安定していたからね。農村では現金収入がある家は珍しい。お金持ちは偉いんだと、みんな思っていたな。

わたしは貧乏やったけん、買えんかったけど、友達の家や学校で漫画も読みましたよ。『のらくろ』も読んだ。内容は覚えとらんけれど、おもしろかったな。

男の子の遊びは戦争ごっこ。二つの陣営に分かれて、なんや知らんけど、「うわー」とか「勝ったー」とか言う声は聞こえてきたな。水のはけた田んぼで、夜、男の子らはやっとったな。

隣のお宮の山に花が咲くころには、わたしはざるを背負って山に入って、たくさん花をつんで、町で売りました。「ああ、これは美しい花だ、どこでつんできたんだ」とか言って、たくさん買ってくれたおばあさんがおりました。わたしはもう、ほくほくでね。そのお金で学校の手前にあった文具店で帳面を買いました。うれしかったね。

「女々しさ」

日支事変（日中戦争）が起きると、村から戦争に行く人が増えていった。そのころから、戦死者が出ると、村葬をやりました。学校に村人が集まって、学校の先生がそこで弔辞を読みました。戦争で誰が死んだと聞かされても、子どもだったからか、お国のために仕方がないなと思う程度だったけれど。

腹の中では大人たちも悲しんでいたんだろうとは思うけど、口に出すことはできない時代だった。「女々しい」とか言われたくなかったんだろうね。

のちに産婆になってからの話だけど、あるとき産婦さんの家に朝早くから人が集まっているのでなんだろうと思っていたら、その日に出産予定の産婦さんの旦那さんが、これから出征するというので、見送りのために人が集まっていたのでした。

その家のおばあさんが途中、「まだ生まれんか」と見にきたけど、まだ生まれない。そのうち、外でざわざわしていた気配がやんで、出征する人の挨拶が聞こえてきた。

「早朝から皆様にはお集まりいただきありがとうございます。本日〇〇に入隊いたします。出征するからには、お国のために働いてきます」

それから、地元の人の挨拶も聞こえてきた。

「本日、〇〇君は入隊されますが、後のことはどうぞ、私たちにお任せください。後顧《こうこ》の憂《うれ》いなく、どうかお国のために尽くしてください。武運長久を祈ります」

そして、人が遠ざかっていく音が聞こえてきた。村のみんなが「日の丸」を振りながら、産婦さんの家の前の田のあぜに出て、広い道に出て行った音が聞こえたきり、そのあとは何も聞こえなくなりました。

そのあいだ、旦那さんは奥さんの顔を見に来ることは一度もなかった。旦那さんは、もうすぐ子どもが生まれるというのに、奥さんに「大丈夫か」の一言も声をかけることなく、行ってしまいました。

当時は、出征する男が、妻の顔、子どもの顔を見るなんて、「女々しい」ということになっていたんです。そんなふうにわたしらは育てられていたんです。

つねに自分の感情を押し殺していなければ、いけなかったんです。戦争というのは、人を非人間的なものにするものなんです。

でも今は、ものを言える時代になったんだから、今こそ口に出して何でも言わないといけんよね。

わたしの先輩や友達は、認知症になったり、病気になったりして、もう話せない人ばかりになってしまったけれど、わたしたちは、上を向いてつばを吐くな、下を見て暮らせ、という家庭教育を受けてきたから、それが身に染みついてしまっていて、今になっても何にも話さない。

天皇教

ほんとうに、今からしてみれば、右を見ても左を見ても、すべてにおいて天皇中心の世の中だった。家の中でも地域でも学校でも天皇中心。

金のある家は、農家であっても神棚に天皇の写真が飾ってあった。うちは貧乏やからあらへんかったけど。

祝日には、金のない家でも「日の丸」を掲げる。金のあるところは二本の「日の丸」を交差させて掲げていた。

小学校の校庭の東側には奉安殿《ほうあんでん》があって、そこに天皇の写真などが入れられていると聞いておりました。銅版の屋根の、小さいけど立派な社《やしろ》です。西側には日清・日露戦争で死んだ人のための「忠魂碑《ちゅうこんひ》」がありました。

登下校のたびに、奉安殿、忠魂碑の前を通るときには最敬礼をします。小学校での朝礼のときには、教頭先生の「東方遙拝《ようはい》 斜め、右向け右」の号令で、全員が最敬礼。「なおれ、斜め左」の号令の後、朝礼が始まり、朝礼の終了後は、隊列を組んで各教室に戻りました。

祝日には、校舎と校庭の間に国旗を揚げる場所があって、そこに「日の丸」を揚げて、一〇時に講堂に集まりました。

祝日は、わたしらもきれいな着物を着ました。先生たちも正装です。女の先生は着物に袴、男の先生は洋服。校長先生は、教育勅語《ちょくご》を読まなければならないから、白い手袋をつけていました。

「教育勅語奉読《ほうどく》」と教頭先生の掛け声がかかると、みんな、ぴしゃーとなったものです。

校舎の東の端の講堂の角に小さなお社があって、そこに教育勅語の箱が収めてあります。校長先生がそこから教育勅語が入っている箱を運んできて、みんなの前でおもむろに箱を開いて教育勅語を読み上げます。

その場には、咳《せき》払いひとつできない、とても緊張した空気が流れます。初めて式に臨む一年生などは、緊張のあまりおもらししてしまったりしてな。前に並んでいる子のスカートの下から、足をつたっておしっこがこぼれて、床に地図が広がっていったこともありましたね。

卒倒する子もいましたよ。そういう子が出ると、女の先生が音も立てずにすっと寄っていって、その子を抱きかかえて衣類のヒモをゆるめて、式の進行を妨げないように、そのまま静かに座っていました。

年に二回、お寺にも行きましたね。お寺でも天皇中心でした。「四恩」——父母の恩、国の恩、先生の恩、仏の恩——のうたを歌ったのを覚えています。

われらはうれし瑞穂《みずほ》の国

賢き帝《みかど》の御園に育ち
春夏秋冬　やすけきわたる
仰げや大君《おおきみ》　尽くせや国に

一番は天皇のうたで、二番に仏様のうた。

われらはうれし仏の愛《め》で子
罪あるこの身を哀れみ給い
情けのつゆにて……
仰げや御仏　慈悲なる御親《みおや》

なんでお寺に行って仏様より天皇の歌が先なのか、わたしはそのころから不思議に思うとった。天皇と仏様とどっちのほうが偉いんだろうか。天皇の歌のほうが先だから、天皇のほうが仏様より偉いんだろうな。

年に二回、神社にも参りました。春季皇霊祭と秋季皇霊祭にな。春は部落の柴山にある八幡様、秋は反対側の西のほうにある八幡様へ行って、神主さんからご訓示を賜りました。神社までお参りに行くのは、今で言う遠足だろうけど、長いこと歩くし、靴もいいものではなく、自分で編んだわらじなもんで、いつだったか帰り道にわらじがちぎれてしまって、はだしで帰ったこともありました。

「満州」から帰ってきた兵隊さんを迎えたこともありましたよ。小学校の一年か二年のころだった。みんなでいろいろつくって、隣の村との境で兵隊さんを迎えました。兵隊さんはありがたい。兵隊さんはわたしらを守ってくれる、わたしらのために働いてくれていると、そのころは思っていました。

よその国の人を殺してきたなんてことは、その当時はまったく頭にはなかったね。

産婆になる

同じころ、ブラジル移民を奨励《しょうれい》するための映画を、夜、学校の校庭で観ました。

あっちに行くと、収穫するものがいっぱいあるじゃね。うちなんか貧乏やったからそんなの食べれんごとある。うちはまだ子どもだったから行かなかったけど、村からもブラジルに行った人たちがいましたよ。あれにはみんなあこがれたね。

あんなにして、国は人を動かしていくんだなと、ずっとあとになってから思ったね。

わたしは小学校を出たあと、高等小学校にあがりました。けれど、野良が忙しくってあんまり学校には行っていません。

農村でしたから、学校を出ても、だいたいは百姓になります。土地を持たないものは町に出て、大工とか職を探さにゃならん。金があって頭がいい人は、小学校のあと、中学校、そして女学校なんかを出て、学校の先生になる。財産もちの跡取りは、高等小学校を出て、自分の土地を守る。それでも、それは長男だけ。次男・三男は家を出て、軍人になったりする。

わたしの場合は、叔父が学校の先生に相談したら、産婆か看護婦になったらどうかと言ってくれたので、わたしは産婆の学校を出て産婆になりました。

勉強は、野良が忙しくって学校にぜんぜん行ってないもんだから、参考書を見ないとぜんぜんできない。鶴亀算、あれは難しかったな。

産婆の学校には県からの補助があったから行けたようなもんです。産婆の学校では、ほかの子は高等女学校とか上級の学校を出ているんだけど、わたしは高等小学校もろくに通っていなかったし、わたしのところは山里だから、生活の様式もみんなとは違う。消毒の方法も習ってなかった。蒸気でいろいろな器具を消毒するんだけど、栓をひねったら、ブシューッと蒸気が涌き出てきて、びっくりして腰抜かしたわ。そんなふうにして、実際には経験しながらだんだんと覚えていった。

戦時の日常

戦争は、遠くで起きていることで、普段の生活のなかではまったく気にもならん。

それでも、おかしいなと思うこともありました。

高等科二年のとき、先生が「今朝早く日本軍が支那方で軍事演習をしていたら、支那人が発砲したので、それに応戦しなきゃならんで、戦争がはじまった」と言いました。当時は、中国のことを差別的に「支那」と呼んでいたんだ。そのことを聞いたときわたしは、

「あれ」と思った。「日本軍が、なんで支那で軍事演習をしなきゃならんかったんだろう」「支那で軍事演習をしておったんなら、向こうが怒るのも当たり前だろうな」と思った。

でも一方で、天皇のやることは神様のやること、なんの間違いもないと思い込んでいたもんだから、先生に「なんで日本軍が支那で軍事演習をしていたんですか」とたずねることもしなかった。家に帰っても、みんな無学なものばっかりだからわからへん。そのまま自分の胸のうちにたたんでずっときてしまった。

そのあいだにだんだん召集が増えて若者が戦争に行く。そのうち戦死者も出てくる。部落のあるおばあさんが、「うちの孫はな、支那のやつから眼んたまを引き抜かれたんだよ」と怒って話していたのを覚えているね。誰かがおばあさんにそう伝えたんだろうな。敵はろくでもない奴だと教えるためにね。おばあさんは、言われたとおりにそう思い込んでしまう。自分では確かめようがないからね。

一度、「満州」帰りの兵隊さんの話を講堂で聞いたこともありました。その人は、「支那では、便所で大便をすると、その下に豚がいて、豚がおしりをなめてくれるんだよ」と話した。

その話し方から、中国人を蔑視《べっし》していたのは、わたしにもわかりましたね。日本人というのは大方、弱い者に向かっては強いものなんだよね。

そのころ身近にいた日本人以外の人というと、真鍮《しんちゅう》なんかを集めているおじいさんがいました。子どもたちは、いつも電線とかの切れ端をみつけては集めておいて、おじいさんのラッパが聞こえるとそれをもって飛んでいって、アメと交換してもらうんです。あのアメはほんとうにおいしかったな。朝鮮の人でした。

産婆になってからは、大分市内にときどき家庭訪問で行くことがあって、朝鮮の人の家にも行きました。川沿いの土地の低い集落に、朝鮮の人たちが住んでいることが多かった。直接たずねはしないけれど、屋根先に唐辛子が干してあるのが見えれば、このお宅は朝鮮人のお宅だな、とわかる。川で洗濯している姿を見かけることもありました。日本人とは洗濯の仕方が違うんです。朝鮮の人たちは、棒でとんとんと洗濯物を叩くんです。

でも、そのころは、なんで朝鮮の人たちが日本にいるんだろうなんて、考えたこともなかった。

「朝鮮人は徒党《ととう》を組んでくるけん、気をつけたほうがええよ」という話も聞いたことがあったけれど、わたしが見たかぎりでは、朝鮮の人たちは、日本人より生活も大変そうでした。かわいそうだった。けれど、わたしには何にもできんかったです。

農村の生活

やはり戦争中といっても農村ですから、戦争より何より地主制度のほうが苦しかったね。

農家は、大変な手間をかけて一年後に米を収穫しますが、収穫の半分は、小作料として地主へ納めなければなりません。残りの半分は、売って、現金を得にゃならん。米は売るためのもので、食べることはできない。なもんで、わたしらは、売り物にならんような米＝こだねを食べていた。百姓は、裏作で麦や小麦なんかを作って命をつないできたんです。

米を売って得たお金だけでは、まだ足りないから、蚕も育てました。でも、蚕は食べられんね。村から町に働きに出る人もいたけど、町に仕事があるわけでもないし。

農村なのに、作物を作っているのに、みんな貧しかった。わたしのまわりも栄養不良のようでした。戦争を生き延びた人たちも、戦場から帰ってきた人たちも、栄養不良で結核になって死んでいきました。

土地というのは、誰かがつくったものでなくて、もとからあったものでしょう。先に出た者が力を伸ばして、土地を自分のものにして、他人に貸して、自分の都合のいいようにしているんだ。もともとみんなのものだったんだから、誰でも生きていけるようにしたらいいのに。子ども心にも、地主制度がなくなればいいのに、とは思っていましたよ。

疎開者と村の人

わたしらの村にも沖縄から疎開者がきました。女の人と子どもだけ、五〇人ほどでした。村はずれの大きなお寺さんに彼らを迎え入れることになりました。貧しい村ですから薬も何もない。医者もいない。体温計一本だけを片手に、わたしは保健婦として、沖縄の人たちを迎えるためにお寺さんに行きました。

あとから聞いた話ですが、戦場となった沖縄から命からがら本土に疎開するために船に乗ってきたのですが、アメリカの魚雷にやられて、本土にたどり着く前にたくさんの疎開船が沈んだそうです。疎開するのも命がけになっていたんです。

それでも、沖縄の人たちは、鹿児島には決して疎開しなかったそうです。大分よりも鹿児島のほうがずっと手前ですから、魚雷で沈められる確率もその分、少ないはずですが、昔、薩摩の支配に琉球の人たちは痛めつけられてきたので、決して鹿児島には行かないと言っておりました。

そんなふうにして、沖縄の人たちは大分までやっとの思いで疎開してきたんです。しかし、お寺のお座敷に落ち着いたと思った矢先、Ｂ29がグァーンと大分の上空にやってきました。お寺にいた沖縄の人たちは、「追っかけてきたー」と口々に言いながら、その場に、バッと、突っ伏しました。米軍が沖縄から大分まで追いかけてきたと思ったんだね。

Ｂ29はそのまま通り過ぎていったけれど、この人たちは、ずいぶん恐ろしい目に遭ってきたんだなと思いましたね。

でも、命からがら戦場から逃れてきた人たちに、わたしらはどうしてあげることもできませんでした。体温計一本しかない。薬はない。せいぜい手ぬぐいをぬらして当ててあげることしかできない。食べ物もろくにない。しょうゆも味噌もないから、彼らは桶を借りて、高崎山を越えて海へ出て、海から運んできた海水でもって、分けてもらった野菜を味付けして食べたということです。

農村も、供出、供出で、豊かでないところに町の人が疎開してくる。そこに差別が生まれてきます。

ある人が「学校が占領された」と言ってきたことがあります。町の人が学校に疎開してきたから、自分たちが学校を使えなくなったと言うんです。どうせ野良が忙しくて子どもを学校に行かせるつもりもないのに、「町のやつらが占領した」となる。町の人はまた、「村の人たちは、さぞいいものを食べているんだろう」となる。お互いに不信感が募る。戦争では、人心がひとつにまとまることはないんだよね。子どもや孫を殺したのも国なのに、国を恨みはせんで、仲間を恨んで、排除しようとする。そこが悲しいな。

敗戦のとき

敗戦のとき、わたしは、大分県大分郡石城川村《せきじょうがわ》来鉢《きばち》におりました。数えで二三歳でした。当時は、石城川村村営の国民健康保険組合から雇われた産婆で、村の各家庭の訪問助産をしていました。

敗戦の日、一九四五年八月一五日。

そのころ寄宿していた家に、東京から引き揚げてきた家族がおりました。子どもは戦地に行っていて、旦那さんと奥さんの二人だけの家族でした。その家はラジオを持っていました。旦那さんが、一五日の朝、今日は重大放送があるから、うちに聞きにきませんかと、近所に誘ってまわった。それでわたしもその部屋へ聞きにいきました。

そのときにはどんな内容が放送されるのか、わたしはまったく予想していませんでした。とにかく天皇による放送だからありがたいことだと思って聞きにいきました。

隣近所の六人くらいの農民が、ラジオの前に集まっておりました。正午にスイッチを入れると、パリパリパリ、パリパリパリという音のあいだに、天皇の声が途切れ途切れに聞こえてきました。放送が終わってみて、敗戦だ、とわかりました。

その場にいた人たちの反応はそれぞれでした。悔しがる人もいました。戦場に夫や息子をやっていた人は悔しかったでしょうな。家族を亡くしている奥さんは、すっと外に出て行きましたね。腕を組んで考え込む人、畳を叩いて怒る人、いろいろでした。

男手を戦場にとられて人手がない中で、一生懸命につくった農作物を供出させられてきた人たちです。みんな貧しい農民たちです。

わたしは、戦争が終わったと知って、「よかった、これで空襲がなくなる」と思いました。高崎山の向こうに見える大分の市街が、真っ赤になって空襲でやられてしまった様子が、山のこちらからすっかり見えていました。わたしらの近くには不発弾が二発落ちただけで、被害もなくすんだのですが、見ているだけでも空襲は怖ろしかった。だから、戦争が終わったと知ったとき、これで空襲がなくなると思ってほっとした。うれしかった。まだ口には出さなかったけれどな。

みんな立場が違うから、それぞれに思っていることをまだ言えなかった。とことん命を投げ出してでも国に奉仕するように教育を受けてきているから、簡単には、自分の気持ちを言えない。日本は神の国だから、最後は神風が吹いて勝つもんだと思っていたしね。

結婚

敗戦の次の年だったか、自分の生まれ育った村に帰り、すぐに結婚しました。アメリカ軍が別府港から上がってくるから早く逃げ出しましょうと言われて、わたしも大分市から、海から遠い叔父のところへ帰っていました。

給料は全部、叔父に渡していましたが、産婆の給料なんて微々たるものです。「お前の給料で一カ月の三分の一も食えると思うとるのか」と叔父に言われてね。闇での売り上げなんかに比べたら、わたしの給料なんて桁違い。そりゃそうだなと思うて、独立せんならんなと思いました。

それで、復員してきた相棒を紹介されて結婚しました。生まれたところのすぐそばに小さな小屋をつくって住みはじめました。

相棒は大工でした。すぐに長女が生まれて。大変なもの同士の生活。農村には大工の仕事はあるんです。でも給料はもらえない。夫は仕事先で昼飯を食べさせてもらえるからいいけど、わたしには食べるものはありゃしない。野草をつみにいっておかゆにいれたりして食べてね。そのうちに、もう一人生まれて。よう生きてきた。

わたしの友達が結核で亡くなったので、お墓にお参りにいったことがあったんだけど、お墓のそばに大きな柿の木があってね、真っ赤に熟れた柿が一個だけ実っていて、その下でじっと待った。柿の実が落ちてこんかな、と思うてね。それくらいお腹が空いていたんだよ。

語られない戦争体験

わたしと同じように戦争と敗戦後の空腹の時代を経験している人たちが、みんな、何も言わないまま年をとっとる。

戦場から帰ってきた人たちも、何があったのか、何をしたのか、ずっと何にも話そうとしない。ちゃんと次の人たちに言わないとな。

わたしらは、戦後に憲法が変わって、国の主権者になったんです。国がちゃんと憲法を護るための番人になったんです。でも、そのうちに、わたしらの力が弱くなってしまったから、今、憲法が変えられそうになっている。

戦後もあとになってからだけど、戦地帰りの人に出会うたびに、わたしはたずねてきました。わたしら「内地」にいたもんは、戦地で実際にはどんな苦労があったのか知らないので、教えてくれませんか、と。

でも、誰一人答えてくれなかった。

群馬にいたとき、特務機関兵をやっていて、敗戦のとき開拓民と一緒に「内地」に引き揚げてきたという人に出会いました。その人が病気になったというので、病院にお見舞いに行ったとき、その人はわたしに言いました。

「益永さん、罰《ばち》が当たったんだよ」

ほかに、戦地で何があったとか、何をしたとかは一切言われませんでした。その人は何も言わなかった。けれど、大変な経験をしてきたのだな、ということは、わたしにもわかりました。

もう一人、満蒙開拓青少年義勇軍に参加した人で、現地で軍隊に入り、戦後、学校の先生になって、校長さんにまでなった人に出会いました。

その人にも、「戦地での苦しみはわたしらにはわからないから教えてください」とお願いした。でも、なかなか話そうとしてくれなかった。それで、何度かお願いをした。そうしたら、

「益永さん、そんなことは誰にも言えるものじゃねえんだよ」

と強く言われました。

わたしは、「ごめんね」と謝りました。

戦場に行った人は、決してその体験を語らなかったから、こちらもずっと、まったくその気持ちがわからなかった。

こういうこともありました。戦争中は「満州」に渡っていて、戦後、北海道へ移り、そこから生まれ故郷の群馬へ戻った男の人の奥さんは、わたしの家の庭先に咲いていた花を見て、「益永さん、あの花は、椿かい?」と聞いてきた。あれはサザンカだよ、とわたしが答えると、その奥さんは「それはよかった。うちの父ちゃんは、椿は縁起が悪いと嫌がるんだよ」と言った。

椿の花は、だんだんと茶色く枯れていくのでなく、花の色も赤くきれいなまま、顎《がく》ごと

ぽとりと、花が地面に落ちます。つまり、その人の旦那さんは、「満州」で、日本軍が中国人の首を切り落とすところに立ち会った、ということなんだよね。それを思い出すから「椿は縁起が悪い」と言っているんだろう。でも、その奥さんは、「うちの父ちゃんは、満州では満人をかわいがっていたからね、生きて帰ってこれたんだ」と言うんだよね。

「椿は縁起が悪い」と言う人も、戦犯になるのを恐れて、故郷の群馬にすぐには帰ってこないで、北海道に逃げた。死刑になるかもしれないという恐怖のなかで、家族にも誰にも、中国で何があったと言わずに、今まで過ごしてきたんだよ。

一人だけ、戦争中のことを話してくださいとお願いして、「いいですよ」と答えてくれた人がいました。でもそのあと、その人は体を壊して検査で病院に入ったりして、なかなかいい返事をくれなくなってしまった。

一年以上経って、もういいだろうと思って、わたしはその人の家に訪ねていった。玄関まで寝巻きのまま奥さんに付き添われて出てきてくれたけど、

「益永さんには正直に話したかったけど、まわりに迷惑をかけるから」

と言って、とうとう話してくれなかった。

わたしに、戦争中に何かをやったと話してしまったので、その途端にその人は、まわりに気を使い、もう恐怖で一杯になるんだよね。戦後であっても、たとえ憲法九条があっても、日本の政治は、戦争への道を完全に否定していないから、そういう今の政治を否定するようなことはできない、自分が日本軍としてかつて何をしたかと話せば、昔の仲間から「お前、何してるんだ」「余計なことするな」ということになる。自分のところの権力者や仲間の、意のままにしていないといけない、はじかれる。

だから、話せない。その人は、優しい、良い人なんだけどね。

戦後何年経っても、まだ一人一人に〈天皇教〉は染みついているのよ。みんな、いまだに口をふさがれてしまっているんだよ。

二〇〇六年に安倍政権になってから、憲法を変えるという論議が一段と高まって、「国民投票法」が成立してしまいました。わたしは、もう本腰入れてやらんと、本当に憲法が変えられてしまうと思うて、毎日、街頭に立って署名を集めはじめました。

街頭でわたしが道行く人に署名を呼びかけていると、ぽちぽちと、わたしと同じ年代の人が立ち止まってくれるようになって、少しずつ自分の体験を話してくれることがありました。

ある人は、自分は中国にいたんだと、ある朝、起きてみると、中国人の生首が、前の道路にずらっと並んでいた、と言うんです。

わたしは驚いて、「それは誰がやったんですか」とたずねると、その人は、「皇軍に決まってら」と言いました。

「自分がやった」とは絶対に言いません。「見ていた」ということなんでしょう。戦犯になりたくない、死刑になりたくないと、逃げて逃げて、今まで誰にも言わずに隠してきた。でも、年をとってきて、いよいよあの世へのお迎えも近くなってきた。そこに同じ年代のわたしがいたから、というので話したのだと思います。

家族にも誰にも言えず、胸にずっと抱えて生きてきた。それも、当人にとっては苦しいことです。そんな話を街頭で、立ち話で、低い声で、そっと話してくれたんです。

わたしは「それをみんなに伝えてください」と、その人に言いました。

「そんなこと、よう伝えられん」「死んだ先まで持って行くよ」と言って、そして、「戦争は絶対にしちゃいかんよ」と言って、その人は立ち去っていきました。

街頭ではほかにも聞きました。

中国の村で、一軒の家を接収した。村には、まだずいぶんと中国人が残っていた。そこで各戸をまわって「戦争をするよりも話し合いをしよう」と声をかけて、一軒の家に村人を集めた。村人が集まった頃合を見て、その家に日本軍は火をつけた。驚いて村人が外に飛び出してきた。そこを、丘の上で待ち構えていた日本兵が、ババババババーッ、と機関銃で撃ち殺した——。

そんなことを聞いて、わたしは、戦争とは本当に恐ろしいことだと思いました。なんとかしないと、わたしらはまた、同じように鉄砲を担いでよその国に行くようになるかもしれんと思いました。


戦争は男だけでなく、わたしたち女も手を貸したんです。男を戦場に送ったのは女ですよ。自分の大事な夫を送ったのに、その反省がないのはおかしなことだ。

わたしは、産婆だったから、まわりに「お国のために産めよ増やせよ」と喧伝してきました。大人になって兵隊になるまでに、生まれてから二〇年はいるだろうに、これから産んで間に合うんだろうかと、ある男の人に聞いてみたら、「益永さん、これからの戦争はな、百年戦争じゃけん、そら間に合う」と言われた。

それから一年もしないで敗戦になった。今から見れば、あのとき、嘘を言われたんだよね。だから、ものを知らないということは、罪をつくるということなんです。


わたしは子どものときに、学校である朝、突然、盧溝橋事件のことを聞いたんです。それから日支事変（日中戦争）になって、一九四五年の敗戦まで戦争は続きました。

ある朝、戦争が始まったと聞いて、そこから戦争反対なんてできません。戦争が始まったと知ってからは、それに抵抗する力なんて、そうそうにはわいてこないんです。「そうか、始まったのか」と思うだけです。

競争の時代

戦争は終わったけれど、生活は続いていきます。戦争中も戦後も、わたしは生活に追われていました。

敗戦の翌年に結婚、子どもが生まれて、そのうち二人目の子どもも生まれて、食べさせなくちゃならない。それで、生まれたところの近くに、助産院を開業しました。

戦後は、今度は、競争、競争の激しい世の中になりました。

助産院を開業しても、その地域で一番にならないと食べていけない。だから、いくら隣の県で大きな争議が起きていようと、東京で大きなデモが起きていようと、わたしは何にも知らんかった。生きていく上で、そのときに必要なことしか知らない、知ろうとしなかった。ものを知らないというのは、ほんとうに罪なことです。

それに、戦中も、戦後も、女の人はとくに、ものを言わないことが美徳でした。自分でものを考えて、自分の思いを述べるなんて機会はありませんでした。

おかしいなと思っても口にしない。一生懸命にがまん。敗戦してもがまん。その後も夫に、子どもにがまんして、決して自分の思いを言わない。だから、誰にも何にも伝わらない。忍耐だけが残る。くたびれはててた。

助産院を開業していたときには、わたしもまわりに合わせていましたよ。生きていくために、他人に、地域に気持ちを合わせていました。わたしが人に従わんことを覚えたのは、あとになって、労働組合をつくろうと考えてからのことです。

それに、わたしはずっと生活が苦しかったから、子どもは学校に行かせようと思うてました。戦争中の、わたしらの時代は、死ぬことへ向けての競争だったけど、戦後の、子どもらの時代は、人を押しのけてでも競争に勝たな、これも食えない。

そやから、子どもは子どもで、自分の夢に向かっていて忙しい。大人も子どもも、たがいに競争に、生活に追われて、ものを考える時間はない。話し合いの時間をもてない。たがいの体験がつながらない。

今、競争についていけなくなって鬱病になる人がたくさんいますね。息苦しい世の中です。いくら競争しても、みんなが食えないことがわかったんだから、もう競争はやめたほうがいいと、わたしは思うけどな。

人間性を取り戻さなければいけません。お金がなくても、みんなが学校に通うことができて、みんなが医療を受けられて、ちゃんと生きられるようにしたいですよね。

労働組合の結成

刈谷豊田病院へ

生活を維持するために、大分を出て、あっちやらこっちやら、うろうろしてましたが、一九六五年ごろに、愛知にある医療法人豊田会 刈谷豊田病院に助産婦（師）として就職しました。

そのときは、こんな立派な病院だから、きっといい看護ができるだろうと、あこがれて入ったんです。

中では、みんなぴしぴしやっているから、みんなようやっとるな、わたしも見習わんといかんな、と思いながらやっていたんだけれど、だんだんと、あっちこっちで手を抜かしとると思うことが増えてきた。上の人に、増員してほしいと頼んでみるんだけど、なかなか聞き入れてくれへんかった。だから、あちこちで〝間引《まび》き看護〟しとった。

あるとき、病院で「アジア婦人会議」という集会のチラシを拾いました。それで、わたしはその集会に行ってみました。

そこには若い人がたくさんきていて、みんななかなかいいこと言うとる。わたしもなんか言わんと、ということになって、「間引き看護をしているような今の状況は、患者のためによくない。患者の命を守る、本当の看護をするためには、労働組合というものが必要じゃないかと考えているのですが、どうでしょうか」と発言しました。

そうしたら、あとから愛知県労働組合評議会のオルグさんから電話がかかってきて、それで、労働組合の結成に向けていろいろと勉強することになりました。

〝組織〟について考える

わたしはまだ、労働組合が何かよう知らんかったけれど、その当時、刈谷市にはトヨタ系の会社が七社ほどあって、そこには若い人が大勢働いていました。

通勤途中の電車の中で、トヨタ系の会社の若い人たちが、今度のボーナスはどうのとか話しているのが聞こえてきたことがありました。

「はー、わたしより三倍くらいの給料をもろうとるらしいな。わたしはずっと産婆やっとるのに、なんでわたしよりずっと若い者たちが、わたしよりずっとようけもろうとるのやろ」と、そのときは不思議に思いながら聞いていましたが、どうも労働組合を通じて会社と賃金交渉をしているらしい、ということがわかってきました。

それで〝組織〟ってものについて、考えてみなならんなと思ったんです。


そのまえに、ベトナム戦争で親を亡くした子どもたちへの募金を、お坊さんたちが呼びかけていると知りました。これならわたしにもできると思って、わたしは職場で募金を呼びかけてまわりました。

「益永さんがこういうふうに集めてくれると助かるわ」と、職場の人も喜んで協力してくれました。募金はどんどん集まりました。看護部長さんまで募金してくれました。そして、集めたお金をお坊さんに渡すことができました。

けれどその後、わたしは上司から呼び出されて、こう言われたんです。

「益永君」

「はい」

「君はベトナム募金をしているそうじゃないか」

「はい」

「なんでそんなことをするんだ」

「なんで」と言われても、かわいそうやと思うたからやっただけだ。

なのに上司は、「組織のない者が、そんなことをするもんじゃない。みんなに返しなさい」と、わたしに言いました。

それで、わたしは、自分の帳面に、いつ誰からいくらもらったかと書きとめてあったので、それをもとに、自分の財布からみんなに返してまわりました。みんなも不思議がっていましたが、わたしが、「上司に返せと言われたもんで」と言うと、みんなも、それなら仕方ないなと受け取りました。

これで一件落着。この話はおしまいや。

けれど、わたしは、上司が言った「組織のない者が、そんなことをするもんじゃない」ということについて考えてみた。

〝組織〟って、どないなもんを指すのか、わたしにはわからんかったけど、電車の中で聞いた、トヨタの若い子たちの話とつながっていった。

それで、何か手がかりをもとめたくて、アジア婦人会議に出かけていったんです。


わたしはそれまで、親はもちろん、夫の言うこと、上司の言うこと、他人の言うことに「はい」と言って従ってきた。おかしいと思うたことも、黙って胸の中にたたんで、人に従ってきた。だから、上司に言われたとおり、募金もみんな返した。

けれど、なんで集めた募金を返さなけりゃならんかったのか、ようわからん。なんぼ考えても、わからん。

上司には、「組織のない者が……」と言われた。「組織のない者」は何もするな、と言うのなら、それなら自分で組織をつくろう、労働組合をつくろうと思ったわけです。

わたしは金がなかったもんで、賃金を上げてほしいという思いもあったけれど、ほんまの医療、ほんまの看護をやりたい、本当の生き方をしたい、と思うたんです。
そのころ娘たちが、ベトナム反戦で騒いでいたから、それに誘発されたということもあったでしょうな。

労働組合の結成

わたしは職場のいちばんの仲良しの人に相談した。やろう、ということになった。そこから、一人から一人へ、信頼のおける一人から一人へとつないでいった。声をかけた人が、今は参加したくない、という場合には、このことは他言しないという約束をしながら話を進めていった。

いつ病院側からつぶされてしまうかわからないという緊張感がありました。わたしたちが始める前に、すでにいくつか結成前にダメになっていましたからね。「益永さん、労働組合やらへんか」「あー、お願いします」と話していたのに、いつの間にやらその人だけ賃金が上がって、それきり何も言わへん。組合のことが病院にばれると、声をあげた人だけが賃金が上がって、その人は静かになる。そういうことを見てきたから。

つぶされないためには、一人一人に丁寧に説明して、信頼関係を築いて、しっかり手をつないでいく。信頼関係を築くことがいちばん大事。

男の人にも声をかけたけど、男の人は、組合なんて簡単にできると思うとるから、わたしを呼び出しては「益永さん、おれに旗ふらせろ」と言うてくる。「わたし一人で旗ふるわけじゃねえ、みんなで旗ふるんだ」と言って断りました。

最終的に、女性のみの六七人で決起することになりました。結成の日は、一九七一年一〇月三〇日ということになりました。わたしは四八歳でした。

ある晩、夜勤のため、三階にわたしが一人でいると、院長がそーっと階段を上がってきました。院長がなんで夜中に三階まで上ってくるん？　院長は、わたしが詰め所にいるのを見て、またそーっと下りていった。わたしは、「こりゃ、もれたな」と思うて、みんなと相談して結成日を繰り上げました。

労働組合結成の日、わたしは病院の事務所に行って、事務長さんに、「今日、五時から待合室を貸してくれませんか」と言うたら、事務長さんは黒板を見て「空《あ》いとるよ、どうぞ」と言ってくれた。場所が確保できたので、わたしはほっとして行きかけましたが、そうだと思って、事務所にとって帰って、今度は事務所にいた全員にむかって言いました。

「本日、わたしたちは労働組合を結成します。よろしくお願いします」

そうしたら、事務所の人たちは、ハッとして総立ちになりました。

そのころ、待合室では準備が進められていましたが、わたしたちに抜けがけされたと思った男性たちが、決起集会を壊しに来るという情報を察知して、ほかの女性たちがうまく場所を娯楽室に移してくれました。

そんなこんなもありましたが、結成集会は無事に終わりました。

それからが大変でした。増員要求やらいろいろとやりました。ストライキも何度もかけました。病棟閉鎖阻止のときには、その前にみんなでずいぶん勉強もしました。

院長が「一部の労働者が反対をしていますが、病棟を閉鎖します」とか話してまわっていくあとを追いかけて、院長が話し終わったあとに、わたしが患者さんの前に出て行って、「わたしたちはみなさんの命を守るために、看護の質を上げるために、一生懸命に努力していきます。どうかみなさん、このままここにいてください」と話してね。

弾圧はいくらでもあります。日常的にいろんなうわさを流されたりもします。わたしなんか「おまえ、連合赤軍やろ」と言われたんです。でも、わたし、連合赤軍が何やら知らんかったから、「何のことや」ということになってね。すぐあとに、浅間山荘事件が起きて、連合赤軍のことも耳にするようになったんやけど、そのころはまだ何のことやら知らんかったねん。

本当の医療のために

本当の医療・看護をやるためには、自分が働いている病院の仕組みを勉強しなくてはなりません。そして、自分たちの意見を出していける環境を、自分たちでつくらなければ、医療はどんどん廃《すた》れてしまいます。そのために労働組合が必要だったんです。

医療も、合理化、合理化で押し切られていて、病院で働く人たちは年中飛び歩いておりました。結局、人が足らないので、間引き看護をやらされていました。「その呼吸は測定しなくてもいい、やったように書いとけ」とか言われてね。

だから、本当の医療・看護をやるために、わたしたちは人員増員と賃上げを請求していったんです。夜勤手当も、超過勤務手当ても出ていませんでした。わたしらは奉仕活動をさせられていたんです。でも、労働者としての教育を受けるまで、そのおかしさはわかりませんでした。〝ナイチンゲール精神〟でいたから、人が少なくても、賃金が低くても当たり前、と思わされていたんです。

労働者自身が、自分たちがおかれている環境はおかしい、となかなか気づかないんだよね。つねに本当の医療・看護ができているのかを、よく見ていないといけません。仕事がマンネリになってしまったら、おかしいことにも気づかなくなってしまいます。そして、どんどん権力側に押されていって、ますます状況は悪くなります。

信頼と欲

一人一人の信頼と信頼がつながらなければ、労働組合は強くならないんだけれど、でも、それぞれの欲というのもあります。

病棟勤務の夜勤手当がなかったので、一〇年前にまでさかのぼって、病院側に遡及《そきゅう》払いの要求をしました。ストライキをかけて、夜勤手当を勝ち取ることができました。

けれども、分配のときに問題が起きました。事前の約束では、夜勤がある病棟勤務の人も、夜勤のない外来勤務の人も、みんなで力をあわせて勝ち取るものだから、みんな平等にわけようということでした。けれど、分ける段階になると、この一〇年間、夜勤をしていたのはわたしたち、という人もでてくる。約束と違うじゃないかと思いましたが、だんだんと、夜勤をした人がもらうべきという考えが強くなってきて、これ以上やるとダメになると思ったので、そこで決着しました。

でも、せっかくみんなでいい道を拓いてきたのに、約束と違う結果になったのは悔しかったです。そうなると互いの信頼が失われていきますよね。こういったことが積み重なれば、内側から壊れていくということもあるんです。けれど、間違いを犯しながらでも、反省して、もう一度立ち上がらなければなりません。

一年目の年末一時金闘争のときには、四、五人は落ちたと思います。病院からの介入だけでなく、家族や身内から「そんなこと止めとけ」とかいろいろ言われるんです。ほかからいろいろと言われるうちに、闘いを止める人は出てきます。それはしょうがないことです。こちらの手のつなぎ方がゆるかったのです。

お互いに励ましあって、労働者自身の、一人一人の独立がなされれば、またきっといつか戻ってきてくれます。

公害反対運動

わたしたちも、はじめは条件闘争が中心でした。自分の職場の問題に取り組むことから始まりました。そして、そこからだんだんと、わたしら労働者がどういう方向に進んでいくのか、どう生きていくのか、ということを学んでいきました。

そして、刈谷豊田病院の労働組合として、だんだんと地元地域の運動にも参加していくようになりました。

高度成長期には日本のあちこちで公害が問題になってきていましたが、そのころわたしがいた愛知県では、境川流域下水道でのカドミウム汚染が問題になっていました。

境川の流域にある企業が流す廃液が、境川を汚染していました。地域のお百姓さんが、水が変だと気づいたんです。死んだ魚や奇形の魚が見つかったりしてね。

公害問題が専門の宇井純さんに話を聞いたり、地域で小さなグループをつくって勉強会を開いたり、講演会を催したりしました。

そして、愛知県庁の土木部長に境川流域下水道工事を止めるよう、地域住民とともに申し入れに行きました。たしか、県庁の六階だったように思いますが、話し合いを始めてすぐに、土木部長は逃げ出してしまいました。私たち住民は、毛布などを持ち込んで廊下に座り込みました。一晩中です。

夜が明けたころ、土木部長が姿を見せましたが、またもやエレベーターで逃げ出しました。私たちは六階から一階へと階段を駆けおりて、土木部長の乗り込んだ車をつかまえて、車体を押さえました。けれども、私たちは警備員からゴボウ抜きされ、土木部長の乗った車は逃げてしまいました。

こうした地域の運動にも参加したことで、病院の外にも仲間ができました。

七四年には、合成洗剤による川の汚染が問題になって、水を汚さないようわたしらも石けんを使おうということになり、組合で石けんを取り寄せていました。そうしたら、じきに石油ショックが起きて、組合の外からも石けんを買いたい人が現れて、あっという間に在庫がなくなる、なんてこともありました。

人は、目の前のことには一生懸命になるね。理屈なしにね。

第二組合

刈谷豊田病院では、わたしたちが労働組合をつくって半年ほどのちに、管理職だけの第二組合ができました。わたしが病院を辞めたあと、二つの組合は合併しました。組合員の数は増えたけれど、闘えなくなり、わたしと一緒にやってきた人たちは、新しい組合から排除されてしまいました。

結局は、人間として当たり前のことを、一人になったときでも言い続けられるかどうか、なんです。そういう一人一人が、信頼にもとづいて手をつなげていって、みんなが楽しく生きられる社会にしていきましょうね。

オルグさんのこと

刈谷豊田病院で労働組合を結成して活動していたころは、病院のこと、仕事のこと、地域のこと、それから、家に帰ってけんかもせんにゃならんしで、大変に忙しかったけれど、やりがいはありましたね。いろんなことを学ぶことができました。

ですが、わたしの娘が子どもを生んで、その面倒を見るために大阪に移ることになって、わたしは一九七四年六月に病院を辞めることになりました。

人間って、なかなか自分の思うようにはならんこともあります。仲間には申し訳ないことだったと思っています。

労働組合をつくる前は、自分のことしか見えなかったんだろうな。新聞も、とるにはとっていたけれど、自分に都合のいいことだけを見ていたんだと思う。政治なんてわからん、自分には関係ないという頭だった。貧乏で、毎日食うことに追われていたから、隣で火事が起きていても、そんなこと知らん、となっていた。三井・三池炭鉱の争議のことも、六〇年安保のことも、わたしは、あとからオルグさんに教わって知るようになった。わたしは、オルグさんたちに出会って、ほんまの生き方を知ることができたんです。

オルグさんのなかでもKさんには、ほんまにお世話になりました。Kさんは、敗戦後に、戦犯として中国に引き渡され、中国に六年間いた人です。Kさんも、自分が中国で何をしたとは言いませんでした。わたしもまだ、そういうことを人にたずねるという考えがなかった。人から言われることを、そうですか、そうですかと聞くばっかりで、教わることばっかりで。

Kさんは、中国での戦犯としての生活について話してくれました。日本人戦犯が収容されたところは、まるで大学のようなところであったと。そこでいろいろと勉強したと。収容された当初、日本人は、夜中に中国の人に「白い米をもってこい」

と言ったりして、暴れたい放題であったと。

戦犯管理所で働いていた中国人のなかには、日本人に家族を殺された人も大勢いた。それなのに中国の人は、日本人の戦犯の言うとおりにした。当時、中国の人だって白いご飯なんて食べられない時代なのに、日本人にその貴重なお米を差し出してくれた。

そうするうちに、日本の元皇軍たちにも、中国の人が自分たちを人間として扱ってくれていることがわかった。そして、自分たちが中国で何をしたのかを勉強しなおすようになった。

元皇軍たちは、自分たちが中国の人たちに対しておこなったことの罪の大きさを理解するようになって、心から申し訳ないことをしたと思うようになった。

最終的に、中国の人たちは、日本人を一人も死刑にすることはなく、「日本に帰ったら日本と中国との架け橋になってください」と日本へ返してくれた。

とんでもない数の一般の中国人を殺した日本の皇軍を、中国の人は人間に戻してくれた。

Kさんからこの話を聞いて、わたしは、自分も戦争のことをもっと考えないといけない、日本の皇軍を人間にたち戻してくれた中国の人から、わたしも学ばなければ、と思うようになりました。

オルグさんたちと出会って労働組合のことを考えるようになるまで、わたしはずっと自分の生活のことしか考えてこんかった。わたしは、戦争中も戦後も、親や夫、上司、まわりの人の言うことに従ってきた。それども、わたしは、「もう人に従うのはやめよう」と思ったんです。

わたしたちは権力の言うことに従うのをやめなければならないんです。わたしたちは、だまされてはいけないんです。自分の頭で考えて行動しなければならないんです。

戦争中、天皇は神だから、天皇の言うことは間違いないと言いながら、日本人は大勢の人を殺してきてしまったんです。許されないことをしてきてしまったんです。

なのに、中国の人は、日本の皇軍を一人も死刑にはしないで、それがどれだけ間違いだったかと教えてくれた。わたしはその恩を忘れてはいけないと思うております。

Kさんは、わたしたちの組合を指導してくれる前に、三菱重工の労働者の指導もしていました。ですから、三菱重工の労働者の人たちからも、わたしたちは、いろいろと教えてもらったり、支援を受けたりしました。三菱重工の労働者たちは、会社が「死の商人」をしていることに怒って、立ち上がったんです。

　のちに、三菱重工本社爆破事件が起きます。爆破した若者たちにも、やはり日本には憲法九条があるにもかかわらず、他方では、日本の国と企業が「死の商人」をやり、戦争へ加担していることへの怒りがありました。若者たちの行動は、結果的に、八人の死者と、三七六人の負傷者を出してしまい、被害に遭われた方々には、本当に取り返しのつかないことをしてしまいました。

　でも、一方で、国は、「死の商人」を裁きはしません。わたしは、裁判は、真実の追求にもっともっと力をかけなければいけないと思います。

　刈谷豊田病院を辞めた後、わたしは、釜ヶ崎や山谷、狭山や三里塚など、社会の底辺に押し込められている人たちの支援に足を運びました。そういった先々で、Kさんにはたびたび会うことができました。そういった場でも、Kさんからはまだいろいろなことを教えてもらいました。そのうち、わたしも娘の勤務先に合わせて転々と住居を移っていたし、Kさんも体を壊されて、会う機会はなくなってしまいましたが、わたしは今でも、Kさんは、どこまで闘いを続けておられたのかなと、ふっと考えるときがあります。

わたしはオルグさんと出会って、世の中の本当のことについて知ることができました。Kさんたちには心から感謝しています。

今もまだ、生活がままならなくて、こうなったのは自分が悪いからだと考えたり、死にたいと考えているような人たちが大勢いますよね。自分で情報を集めることができて集会に来られる人はまだいいんだけど、それどころじゃない、毎日の生活で手一杯の人たちがたくさんいます。だから、わたしは、街に出て訴えるしかないと思うて、街頭で署名集めをするようになったんです。

デモは、小さくても、やることが大事です。みんな、かつてのわたしのように自分に都合のいい情報しか取り寄せないものです。そのときは、理屈はよくわからんでも、デモ隊を目にして、なんだろう、あの人たちは何がいいたいのだろうと、考えはじめる人もたまにはいます。世の中のことをわかった人が、デモをやったり、映像や本を作ったりして、ほかの人に知らせていけばいいんです。

わたしたち一人一人が、自分でものを考えるようになって、そしてたがいに手をつないでいく、それが大事。そうしていきたいですね。

死刑囚の養母になる

三菱重工爆破事件

一九七四年六月に刈谷豊田病院を辞めたあと、わたしは大阪の高槻市に引っ越して、娘の子どものお守りをしていました、その年の八月三〇日に、東アジア反日武装戦線の三菱重工爆破事件が起きました。ラジオか何かで聞いて知ったんだと思います。

わたしは、刈谷豊田病院で労働組合を結成したその前に、三菱重工の労働者から、三菱重工ではベトナム戦争で米軍が使用する兵器をつくっておると聞いていました。武器をつくって金もうけをしているだなんて、とんでもないことだと当時も思っていたけど、わたしらに何ができるのか、どうしていいかはわかりませんでした。だから、三菱重工の本社が爆破されたと聞いたときには、正直、「やったー」と思ったんです。

　でも、それによって負傷者が出た（三七六名）、死者も出た（八名）と聞いて、これは大変だ、しまったと思った。なので、このことは自分の胸にしまい込んで、誰にも言わんと、知らん顔して、逃げていました。


わたしはずっと誰にも事件のことは話さないで黙っていた。でも、少しずつ考えてみた。わたしは昔、たくさんの男たちをお国に差し出しました。お国のために命を差し出すようにと、男たちを戦争に送り出しました。男たちは兵隊となって、そして、よその国の人たちを大勢殺した。

　だから、まずは戦争を経験して、戦争は二度と起こさんと誓ったわたしらが、国や企業が、またふたたびアジアの国を経済的に侵略したり、武器をつくって輸出したりといったことを、止めなけりゃいけなかったんだ。

　敗戦後にわたしたちが本当に戦争を反省していれば、こんなことにはならなかったはずだ。でも、日本はアメリカの戦争に加担して、それに乗じて日本は、経済的にも復興を果たしたし、日本の企業は武器までつくるようになっていた。

わたしらはそれを知っていた。それはおかしなことだと知っていた。それなのに、三菱重工に武器をつくるなと抗議したかといえば、わたしは何もせんかった。

三菱重工を爆破したのは、日本人が侵略戦争に加担するのを止めようと考えた若者たちだ。わたしは、若者たちにすまないと思った。若者たちに事件を起こさせたのは、わたしら大人の責任だと思った。

わたしら大人たちは、国や企業がやっていたことを見て見ぬふりをして知らん顔していた。わたしら大人が若者たちにまかせきりにしとらんと、もっと反戦の声をあげておれば、わたしらが若者たちと手をつないで行動していれば、若者たちをああいった事件を起こすところまで追い詰めないですんだはずだ。わたしら大人の無責任さが、八人の死者と三七六名の負傷者という結果を生み出してしまったんです。

侵略を止めたい、日本が戦争に加担するのを止めたいっていう若者たちの正義感を、ああした結果にならんように、わたしらはもっとやらなけりゃならんかった。自分たちのやった侵略戦争や植民地支配を本当に反省して、社会が変わっとれば、あんなことにはならんかったろうと思った。

養母になる

彼らの裁判に行きはじめたのは、事件から八、九年経ってからのことだったと思います。人から声をかけられて、そのころ住んでいた盛岡から東京地裁に傍聴に行きました。署名を集めはしていたけれど、もっと何かわたしにもできることはないかと思っていたときに、盛岡でアムネスティの盛岡支部をつくる動きがあると聞いて、そこに参加して、最終的に、被告の一人の片岡利明と養子縁組をしました。一九八三年のことです。

それに、本当の親たちは疲れ果てているみたいだし、死刑が確定してしまったら、死刑囚は外部の人とは会えなくなるから、縁組をすることで面会を続けて応援しようと思ったんです。

署名集め

盛岡にいるころは、署名活動くらいしかできなかったけど、ほかにも、韓国の金大中《キムデジュン》さんへの死刑判決に反対する署名や、日本から韓国に留学中に、北朝鮮のスパイとされ逮捕された、在日朝鮮人の徐勝《ソスン》・徐俊植《ソジュンシク》兄弟の救援の署名を集めたりもしました。

そのころわたしは職をもっていなかったので、一軒一軒を訪問して、署名をお願いしてまわりましたよ。今よりオープンな時代だったのかな、どこの家でも入っていけました。

金大中さんたちを助けようという人たちは盛岡でも結構いました。わたし一人だけでも、一六〇〇筆の署名を集めることができました。そのときに、たくさんの在日朝鮮人の人と出会いました。


日本人は、朝鮮の人には本当に助けてもらった。「日本は神の国」と子どもも大人も教育されていた一方で、朝鮮人を日本人にして、炭鉱やら地下壕づくりや飛行場づくりなんかに大勢、動員したんです。朝鮮人だけじゃない、中国人も大勢動員させられました。そういったことを、わたしらは、もっと勉強せならんと思うんやけどね。

あるときわたしは、電車のなかで気のいいおばあさんと乗り合わせたもんで、話しこんでいました。そうしたら、途中でそのおばあさんが、「朝鮮人っていうのは本当に恩知らずだ」と言いだした。

そのおばあさんは、戦争中は今の北朝鮮に当たる土地で暮らしていたと。そこでは果樹園を経営していて、果樹園では朝鮮人を使ってやっていたんだと。なのに、日本が負けたら、「わたしら日本人を朝鮮人は追い出した」、だから「朝鮮人は恩知らずだ」と言うたんや。

わたしは、なんちゅうこっちゃ、と思いました。

その時代を生きた人でさえ、朝鮮半島を日本が植民地にした、占領したってことを知らない人が多い。だから、次の人に、歴史が伝わらない。

わたしら日本人は、年をとっていても、今からでも、本当の歴史を学ばなければいけないんだよね。

前の戦争のころから日本はまだ変わっとらん。一人一人の考え方は、戦争中からずっと続いとるんよ。もう誰もが無責任ではいられんのや。わたしらは、伝えることを伝え、やるべきことをやっていかないかん。

殺してはいかん

裁判員制度

このあいだ、「裁判員制度をつぶせ」と書いた看板をもって、新宿の駅の近くで署名活動をしていたら、「おばあちゃん、それ一人でやってるの」と若い男の人が寄ってきてくれた。その人は「裁判員制度の前に、死刑制度を廃止したらいいんじゃないの」と言った。「わたしもな、そう思うんやけど、死刑制度が廃止されるどころか、この前の世論調査でも八〇％の人が死刑賛成のなかで、裁判員制度が出てきたんでね。またお国によって、わたしらが人殺しをさせられるのはかなわんからな、これやらなあかんと思って、わたし一人でもやってますねん」とわたしが言ったら、その若い人は、「勉強します」と言って、最後は握手を交わしてくれた。うれしかったね。

裁判員裁判というのは、三、四回の審議で判決を出すようになっている。そんな短い時間ではほんとうのことなんてわかるわけない。

事件に至るまでに何があって、なぜそういった事件が起きたのかという真実が追求できるような制度ではないんだよ。わたしら市民が裁判員になっても、真実が追求できるような制度になっていないから、裁判官がもっていきたい結論に、裁判員は乗せられてしまう。日本では、自分たちがどう生きてきたか、なんてことは棚に上げておいて、事件を起こした人だけの問題にしがちなんだよ。事件を起こした人たちがどういう環境の中で、どんなふうに生きてきたのか、その背景を見ようともしない、自分のこととして考えようとしないからね。

死刑制度

悪いことをしたんだから死刑になって当たり前という人が多いけど、戦争のときには、悪いことをしていない人も日本は殺してきた。人を殺したんなら殺せー、と言ったら、日本人は全滅だよ。

あんだけ中国の人たちを殺した日本軍を、中国の人たちは殺さずに人間に戻してくれた。もちろん、罪を許してもらったわけではない。許されはしない。

でも、わたしらは殺されずに、ここにこうして生かされている。その思想から学ばないけんとわたしは思う。

生かされればこそ、人間は罪をつぐなって、人間らしゅう生きることもできる。

人は、普通に、食べていけて、いじめられない、差別されないで生きていくことができれば、人殺しなんてしない、人はだれでも人間らしさを取り戻せる、ということを、中国の人から教えてもろうたんや。

みんなが人間らしゅう生きられる社会をつくろうよ、とわたしは思うわけ。

Tシャツ訴訟

事件を起こす人は、事件のときにはすでに追い詰められて、孤立していることが多い。人間らしい生活にもともと縁が少なかったその人たちを、ただ刑務所に押し込めたところで、何にも変わりゃせん。刑務所に入れて、その中でまた追い詰めても何にもならん。

だから、国とも親族とも違う、わたしら外部の人間が、刑務所へ面会に行って、一緒に生きていこうと手を差し伸べて、また、そういう人間もいるということを伝えていこうと思ってやっています。

Tシャツ訴訟というのは、激励を寄せ書きしたTシャツを、死刑が確定した東アジア反日武装戦線の大道寺将司と益永利明へ差し入れようとしたら、東京拘置所に拒否されたので、これをきっかけとして、死刑囚との面会や差し入れをする権利を確認するために始めた裁判です。今、第四次提訴を準備中です。

この裁判をすすめているのが「うみの会」で、初代代表は、伊藤ルイさんでした。わたしはルイさんにはほんとうに親切にしてもらいました。

殺してはいかん

人間が過ちを犯さないように、そういう社会をつくっていけばいいことなのに、冬に路上に追いやられている人たちを社会は見殺しにしている。

国が憲法を守っていれば、犯罪は減るはず。そういう方向へわたしらがもっていけばいい。国が間違ったことをしているときは、わたしらが正していけばいい。

国は憲法を守らないで、人が生活できないようにして、人をいじめて、追い詰めて、それでやむなく犯罪をする人に、厳罰を与えるなんておかしいんよ。
それで、わたしは、殺すなー、殺すなーと言い続けてるんだけど、人殺しは殺せー、殺せーという声のほうが、まだまだ大きい。

憲法九条の実現を

かつて、日本は中国や朝鮮半島のアジアの国に、侵略戦争に行きましたが、二度とそのようなことはしないと誓ったのが憲法九条です。憲法九条とは、簡単に言えば、「武器をもつな、戦争するな」ということですが、わたしは、よその国に対しても、国内に向けても、「人間を殺すな」という意味もあると思っています。

生まれながらに悪い人間はこの世にはおりません。人間は、成長の過程で、生活環境の中で、さまざまな形で心に傷を受けながら生きています。生活苦や差別、また、そういった困難が原因で生じる暴力、そうした影響からの傷が蓄積されていって、人間は犯罪にいたるのだと考えています。犯罪というのは、社会がつくりだすものと、わたしは思うています。だから、悪いことをしたら罰せよ、悪いことをしたら殺せ、とはわたしは考えない。

一人一人が大事にされず、人間らしく生きられなければ、それが高じていけば、他人を殺してもいい、侵略してもいい、戦争してもいい、ということになっていくんです。二度とその国を侵略しない、戦争しないためにも、わたしたちが力をあわせて、国内においては、死刑制度の廃止、そしてすべての子どもたちが教育を受けることができて、お金がなくても、みんなが必要な医療を受けられるようにしなくてはなと、そう思うています。

わたしのような貧しいものでも、まわりの人の思いやりがあればこそ、こうして生きてこられました。ほんとうにありがたいことです。

オルグさんたちに出会って、労働組合をつくったのは、わたしのようなものにも、やれることはあるんだ、と思えたからです。ただただ人の言うとおりになっとってはだめだ、ということがわかったからです。

わたしらは、まだ戦争の時代、〈天皇教〉から抜け出ていません。闘い続けなければ、いつでも戦争のときの考え方に戻ってしまうんよ。

民衆が知恵を出し合って、手をつないでいって、誰か偉い人に任せっぱなしにするんじゃない、普通の人がものを言えるような社会にしていこうな。

「全身運動家」益永スミコさんとの出会い

佐々木　有美

私たちが益永スミコさんと初めて会ったのは、二〇〇〇年の夏ごろだったと思います。国労がJR不採用事件の四党合意で揺れていたときです。国労大会会場前に、四党合意反対の国労組合員と一緒に日傘をさして座り込みをしている小さなおばあさんがいました。話しかけると、「私は昔、国労の人たちにお世話になったので……」という答えが返ってきました。その人が、三菱重工本社爆破事件（一九七四年）を起こした東アジア反日武装戦線「狼」のメンバー益永（旧姓・片岡）利明死刑囚の養母であることを知ったのは後のことです。

その後、田中伸尚氏の労作『憲法を獲得する人々』（岩波書店）に益永さんが取り上げられ、彼女の半生を知ることになりました。「こんな日本人がいたのか！」というのが、その時の私の率直な感想です。私の母と一歳違いの益永さんは、私たちの親の世代があいまいにしてきた戦争責任や天皇制の問題について、自らの行為も含めて、真正面から向き合っていました。たくさんの兵士を送り出してしまった自らの戦争責任を問い、二度と戦争を繰り返してはいけないと反戦平和運動に身を挺している益永さん。こうした益永さんの歴史認識、社会認識を作りだしたのが、七〇年代はじめ助産婦として勤務していた病院での労働組合作りだったのです。労働組合運動に根っこをもつ益永さんの平和運動に私たちは注目しました。ベトナム反戦、全共闘運動の時代、労働組合運動も光を放ち、人の生き方を決定づけるような力を持っていたのではないかと思います。そして、労働組合とは本来、人間の生き方を問うものであり、そこにこそ社会変革の根源があると思うのです。

二〇〇六年一一月、国会前で偶然益永さんにお会いしました。戦後日本の第二の憲法と呼ばれた教育基本法の改悪に反対しようと多くの人々が集まっていました。その群集の中に身長一四五センチの小さな益永さんの姿を発見したとき、今回の映画（『死んどるヒマはない――益永スミコ八六歳』）作りが始まりました。二〇〇七年一〇月、私たちは益永さんの住む大分県緒方町を訪れました。益永さんは、これまでの人生で数えきれないくらい引越しをしたそうです。緒方町には二〇〇三年に群馬県から移り住みました。

大分市から電車で約一時間、緒方町は遠くに山並みをのぞむ静かな田園地帯です。益永さんの家は駅から歩いて二〇分くらいの道路沿いにありました。驚いたのは、その道路沿いに「死刑反対」や、「九条を守れ」という大きな桃太郎旗がはためいていたことです。益永さんの大らかな精神そのままの光景でした。前庭は、畑にできるほどの広さがあり、実際二年ほど前には畑を作っていたそうです。大分に越してきたのも有機農法で畑作りをしたかったからとのこと。でも安倍政権の誕生で憲法が危なくなり、運動が忙しくて畑の面倒もみられないと嘆いていました。宗教を持たない益永さんの死生観をお聞きしたのもこの取材のときでした。益永さんは死ぬのは怖くないと言います。なぜなら、「死は大地に戻ること、土にもどれば新しい生命を育むことができる。死んでも命はつながるのだから何も心配することはない」と。

益永さんは当時、週五回大分市に通い憲法九条の街頭署名活動をしていました。朝、署名板を入れた重いリュックサックを背負い自宅を出発し電車で一時間。大分市に着くと、駅前の繁華街で戦争の恐さと憲法九条の大切さを、一人でスピーカーなしの肉声で訴えるのです。益永さんの声は、小さな身体全体がまるで共鳴板になったようにあたりに響きわたりました。お昼ご飯を食べるとき「お腹がすきましたか」と尋ねると、「街頭宣伝は緊張するのでお腹はあまりすかない。以前は太っていたがこれを始めてから痩せた」と答えました。益永さんにとって街頭宣伝は、命を削る真剣勝負の場なのだということを実感しました。

二〇〇九年、益永さんは大分から埼玉の娘さんのところに移ってきました。その時には、どこへいくにも「裁判員制度反対」のボードを胸から下げていました。一見ユーモラスでありながら激しく社会に異議をとなえるその姿に、わたしは益永さんが今の日本に持つ深い危機感を感ぜずにはいられませんでした。益永さんは今や「全身運動家」であり、理念と実践の間にいささかの乖離もないその生き方こそ、私を最も感動させるものです。

（ささきゆみ・ビデオプレス）

◆ドキュメンタリー映画『死んどるヒマはない——益永スミコ86歳』（2010年3月制作・68分）

企画・制作：ビデオプレス　〒173-0036東京都板橋区向原2-22-17-403
（TEL）03-3530-8588　（Fax）03-3530-8578
（E-MAIL）mgg01231@nifty.ne.jp　（URL）http://vpress.la.coocan.jp/

※DVDの購入、自主上映会等に関しては、ビデオプレスまでお問い合わせください。

殺したら いかん

――益永スミコの86年

二〇一〇年五月一二日　初版第一刷
著　者　益永《ますなが》スミコ
発行所　株式会社　影書房
発行者　松本昌次
〒114-0015　東京都北区中里三―四―五
ヒルサイドハウス一〇一号
電　話　〇三（五九〇七）六七五五
FAX　〇三（五九〇七）六七五六
E-mail=kageshobo@ac.auone-net.jp
URL=http://www.kageshobo.co.jp/
〒振替　〇〇一七〇―四―八五〇七八
印刷=スキルプリネット
製本=壺屋製本

定価　六〇〇円＋税

ISBN978-4-87714-405-0 C0036

石川逸子詩集　定本　千鳥ケ淵へ行きましたか　一八〇〇円

肥田舜太郎　広島の消えた日　一七〇〇円
——被爆軍医の証言

金田茉莉　東京大空襲と戦争孤児　二二〇〇円
——隠蔽された真実を追って

根津公子　希望は生徒　一七〇〇円
——家庭科の先生と日の丸・君が代

根本行雄　司法殺人　二〇〇〇円
——「波崎事件」と冤罪を生む構造

崔善愛　父とショパン　二〇〇〇円

核開発に反対する会編　隠して核武装する日本　一五〇〇円

富永正三　あるB・C級戦犯の戦後史　（近刊予定）
——ほんとうの戦争責任とは何か